L'ÉCOLE FRANÇAISE

DU XVIIIᵉ SIÈCLE.

PUBLICATIONS DU MÊME AUTEUR.

ÉTUDES HISTORIQUES, un vol. in-8° (1857.)

L'INDE ET L'ANGLETERRE, en 1857-1858, un vol. in-18 (1862).

CHALONS SUR-MARNE ET SES ENVIRONS, un vol. in-18 (1862).

LES FLIBUSTIERS AMÉRICAINS, Walker et l'Amérique centrale, un vol. in-18 (1862).

UNE ANNÉE AU DÉSERT, scènes et récits du Far-West américain. un vol. in-18 (1864).

JOURNAL DES ÉTATS tenus à Vitry-le-François en 1774, un vol. in-18 (1864).

ŒUVRES CHOISIES DE BERTIN DU ROCHERET, un vol., édition gr. in-8°, et édition in-18 (1865).

ÉPERNAY et l'Abbaye Saint-Martin de cette ville, deux vol. in-8° (1869).

ÉTUDE sur l'exposition artistique de Reims en 1873, in-8° (1873).

MÉMOIRE sur une Hache de bronze, — sur une Carte archéologique du département de la Marne, pour les époques de la Pierre, du Bronze, Gauloise, Romaine et Franque, in-8° (1875).

LA MARNE ARCHÉOLOGIQUE, in-8° (1876).

LES PUITS FUNÉRAIRES de Tours-sur-Marne, époque de la pierre polie, in-8° (1876), avec planches.

LA STATION préhistorique de Saint-Martin-sur-le-Pré (Marne). — Silex associés au fer dans les sépultures de Sablonnières (Aisne), in-8° (1878). Planches.

LE CIMETIÈRE FRANCO-MÉROVINGIEN de Hancourt (Marne).

NOTE SUR UNE COUPE DE L'ÉPOQUE DU BRONZE, découverte près de Châlons-sur-Marne, in-8° (1879). Planches.

LA GROTTE DOLMEN de la Garenne de Verneuil (Marne). Époque de la pierre polie, in-8° (1881).

L'ÉPOQUE DU BRONZE, dans le département de la Marne, in-8° (1881). Planches.

DÉCOUVERTES faites à St-Memmie et à Châlons (Marne). Époque Gallo-Romaine et IV° siècle. — Stations Gallo-Romaines du Châtelat et de la Madeleine (Marne). Planche.

LE CIMETIÈRE DE VARENNES (Marne). époque de la pierre polie, in-8° (1880).

L'ARCHÉOLOGIE devant l'Histoire et l'Art, in-8° (1882).

LA SÉPULTURE DE CHAMPIGNY, première époque du Fer. — Le Cimetière Mérovingien de l'Académie, in-8°. Planche. Chromo.

LE CIMETIÈRE GALLO-ROMAIN de la Fosse Jean-Fat, Reims. — Stèles funéraires avec inscriptions et sculptures. — Urnes à visage, in-8° avec album de 4 planches, Chromo in-f° (1883).

DÉCOUVERTE D'OSSEMENTS HUMAINS associés à des silex taillés et à la faune quaternaire dans les alluvions quaternaires de la vallée de la Marne, à Châlons-sur-Marne, in-8° (1883). 2 Pl.

L'ÉCOLE FRANÇAISE

DU XVIIIe SIÈCLE

WATTEAU
BOUCHER, GREUZE, FRAGONARD

PAR M. AUGUSTE NICAISE

PRÉSIDENT DE LA SOCIÉTÉ ACADÉMIQUE DE LA MARNE.

CHALONS-SUR-MARNE

IMPRIMERIE F. THOUILLE, RUE D'ORFEUIL, 3.

1883

L'ÉCOLE FRANÇAISE

DU XVIIIe SIÈCLE

Parmi tous les plaisirs que font naître en nous l'étude et le goût des arts, il n'en est peut-être point de plus vifs et surtout de plus durables que de rassembler les reproductions par le pinceau, la gravure ou le dessin des œuvres du XVIIIe siècle, qui sont encore de nos jours l'ornement de nos demeures et la fête de l'idéal.

J'ai voulu faire revivre en quelques pages et d'un trait ces maîtres de la fantaisie, dont les créations brillent encore au milieu de nos modernes élégances.

Depuis vingt années déjà, le XVIIIe siècle est en faveur auprès des artistes, des collectionneurs et des amis des arts ; statues et tableaux, dessins et gravures, meubles, étoffes, bijoux et vêtements retracent le XVIIIe siècle.

Quatre peintres surtout ont, à cette époque, illuminé le ciel de l'art où brillent encore tant d'autres étoiles : Watteau, Boucher, Greuze, Fragonard.

Tous procédant l'un de l'autre par quelques traits communs, et marquant tous quatre les étapes de cette évolution artistique dont l'art moderne porte le profond reflet.

En 1715, Louis XIV venait de mourir, marquant ainsi la fin triste, austère et sombre du XVIIe siècle, où brillèrent tant de grandeurs et de gloires, et le commencement du XVIIIe.

A cette société légère, affamée de plaisirs après des années de deuil, il fallait le peintre des fêtes galantes, Watteau.

C'est du nord que nous vint cette lumière. Fils d'un pauvre couvreur, Watteau quitta Valenciennes pour venir à Paris, et travailla d'abord chez un peintre qui lui faisait toujours retracer sur la toile la figure de saint Nicolas.

Watteau le quitte bientôt, entre dans l'atelier de Gillot, le peintre des paysages antiques, imprégnés des parfums de la Grèce, meublés de satyres et de nymphes, conduisant à travers les vertes frondaisons les groupes joyeux et dansants, la troupe bruyante des faunes et des hamadryades.

Là il s'éprend d'un idéal qui le suivra jusqu'à la mort. Lui, l'artiste morose, maladif, dont le visage sombre, inquiet, ne paraît refléter que les plus tristes pages de la vie, il reçoit au cerveau comme un coup de soleil et pendant quinze années tout un monde fait de grâce et d'afféteries, de couleurs et de rayons, sort de cet enivrement pour s'affirmer dans des œuvres qui s'appellent *les Fêtes vénitiennes*, *le Départ pour Cythère*, *les Amusements champêtres*, *le Rendez-vous de chasse*, *la Sérénade italienne*, *le Gilles*, ce joli tableau dont je dirai plus loin l'histoire.

Tout cela entremêlé de scènes militaires, monde d'opéra, où la guerre n'a rien de mortel, rien de navrant : *Fatigues et délassements de la guerre*, *une Halte d'infanterie avec jolie vivandière*.

Watteau n'a point été seulement un peintre de talent ; comme beaucoup d'artistes de cette époque, il a gravé des eaux-fortes d'une pointe élégante, où l'on retrouve les mêmes qualités que dans ses nombreux tableaux et dessins.

Watteau mourut à 37 ans, en plein épanouissement de son talent, en pleine faveur, à Nogent-sur-Marne, chez M. de Julienne, son mécène, son protecteur, qui fut longtemps l'heureux possesseur de toutes les toiles du maître et réunit de lui près de 4,000 dessins dont la valeur constituerait aujourd'hui une énorme fortune.

Watteau mourut jeune, plus heureux en cela peut-être que Boucher, Greuze et Fragonard, qui eux aussi tombèrent le pinceau à la main, mais après avoir subi les amertumes de la vieillesse et presque l'oubli.

Combien la mort doit leur sembler plus triste et plus dure à ces maîtres de l'idéal, qui les pieds sur la terre,

mais la tête perdue dans leurs rêves, fixent sous leur pinceau, qui tombera bientôt de leur main défaillante, ces visions charmantes, la jeunesse, la beauté, toutes les fêtes de l'humanité et de la nature.

A peine Watteau a-t-il disparu que le talent de Boucher s'épanouit. Boucher, le tempéramment le plus fécond de l'école française, qui cependant a compté beaucoup d'infatigables pinceaux. Boucher, né en 1703, n'avait que 30 ans lorsque Watteau mourut. Élève de Watteau par le sentiment et par la grâce, moins ferme que lui dans sa manière de peindre, encore plus maniéré.

Boucher travailla pendant quelque temps chez François Lemoyne, qu'il imita d'abord, cherchant sa voie, et reproduisant comme son maître les nobles attitudes des dieux et des héros, toutes les élégances majestueuses qui rappelaient encore le grand siècle.

Ardent au travail comme au plaisir, Boucher sema pendant plus de quarante années dans les boudoirs, les palais, les châteaux, les cabinets d'amateurs, des milliers de toiles, de dessins, de gravures, que lui inspirait une fougue de production à laquelle la mort seule devait mettre fin. Comme Watteau, Boucher mourut devant une toile inachevée ; l'éternel sommeil fit seul évanouir le rêve entrevu.

Dans les tableaux de Boucher, des amours et des amours d'enfants s'étagent et s'envolent au milieu de guirlandes de fleurs, dans des paysages qui forment un gracieux fouillis, le mot est de l'époque, et il caractérise bien le brillant désordre de ces compositions.

Des nymphes couchées au milieu des roseaux sous les vertes feuillées, auprès des fontaines et des marbres, des bergers à la houlette enrubanée, des bergères aux pieds nus et des fleurs dans la chevelure, des paysages où la roue d'un vieux moulin, toute couverte de mousses, tourne encore sous l'eau qui s'échappe en jets irisés, tandis qu'un peu plus loin un enfant pêche à la ligne presque sous le battoir d'une lavandière rustique.

Des plafonds où l'olympe se joue dans les fleurs, où des colombes argentent des nuages bleus et roses du reflet nacré de leurs ailes. Telles sont les visions de ce peintre charmant.

Boucher a moins emprunté que Watteau au goût italien; son talent est fait surtout de grâce et de goût français ; il a par excellence caractérisé dans notre pays le siècle qu'il orna des mille créations de son pinceau.

Il n'est guère aujourd'hui une maison, une demeure hospitalière pour l'art, où l'on ne retrouve quelques-unes de ses compositions reproduites par la gravure. Lui-même graveur habile, il connaissait toutes les ressources du burin, toutes les hardiesses de la pointe sèche.

Tous les graveurs français et étrangers de cette époque ont retracé ses compositions. Nous citerons en France

Demarteau, qui excella en reproduisant à la sanguine ces charmants enfants de Boucher, aux membres dodus, capitonnés de fossettes, et qui sont bien les petits-fils de Rubens par l'ampleur des carnations.

Nous citerons encore Beauvarlet, Aveline, Cars, de Larmessin.

Un autre enchanteur, Greuze, naquit à Tournus en 1715, c'est-à-dire vingt-deux ans après Boucher. A trente ans, après de patientes études, une vie presque obscure et travailleuse, talent se développant dans le mystère, il éclate et se révèle presque d'un seul coup en exposant son tableau du *Père de famille* qu'un mécène, qui fut pour Greuze ce que M. de Julienne fut pour Watteau, M. Lalive de Jully, achète et place dans sa galerie, une des plus riches de cette époque. A partir de ce moment, la vie du peintre n'est plus guère qu'un triomphe. Les pages émues ou gracieuses se multiplient sous ce pinceau fécond et passionnent la foule des amateurs : enfants charmants et mutins ; têtes blondes caressées par un rayon de soleil ; jeunes filles aux têtes pensives, aux yeux chastement voilés ; tableaux où les joies et les peines du foyer domestique sont reproduites en traits ineffaçables. Qui n'est ému en regardant *l'Accordée de village, le Père de famille, la malédiction d'un père, la mère bien-aimée.*

On sent que l'idée morale accompagne et soutient le peintre dans son œuvre. Ami de Diderot et philosophe du

pinceau, Greuze a aussi préparé l'évolution philoso-
phique dont un des caractères a été la sensibilité exagé-
rée, cet amour presque maladif de l'humanité, qui consti-
tue une des formes de cette névrose dont fut atteint son
siècle aux deux tiers de sa course.

L'école française du XVIIIe siècle devait finir par un
éblouissement, le bouquet d'un feu d'artifice de la couleur, et ce magicien, dans un genre qui ne fut en réalité
que le triomphe des sens, c'est Fragonard.

A lui les emportements du pinceau, tempérés cependant par une grâce, une vapeur, des demi-teintes qui
viennent affaiblir les audaces de ces tons violents si
heureusement opposés et se fondant en un ensemble
merveilleux.

A quel genre Fragonard n'a-t-il point touché !

Peinture d'histoire, avec son grand et célèbre tableau
de *Callirhoé sauvée par le sacrifice de Corésus* ; peinture
religieuse avec la *Visitation de la Vierge*, qui fit partie
de la galerie Randon de Boisset, et l'*Adoration des bergers*, une des gloires de la collection du marquis de
Veri ; scènes d'intérieur, tableaux galants, plafonds, mi-
niatures, dessins au bistre, aux trois crayons, à la sanguine.

Quel charme dans le serment d'amour ! Quelle fougue
dans l'orage, que nous avons tant de fois admiré chez
M. Lacaze.

Fragonard peignit aussi des portraits faits en une heure, enlevés, vivants, d'une couleur et d'un entrain inimitables.

La plupart des esquisses et des tableaux les plus lestement brossés de Fragonard, sont signés *Frago*, des deux premières syllabes de son nom.

J'ai admiré bien souvent chez M. Walferdin, ces dessins familiers faits à la plume sur papier blanc, agrémentés de légendes comiques où le maître retrace les incidents de sa vie de chaque jour et où sa malice n'épargne ni lui-même ni les siens.

L'œuvre de Fragonard a été aussi immortalisé par la gravure, et surtout par la gravure en couleur, ce genre si recherché maintenant.

Des burins célèbres, ceux de Delaunay, Janinet, Blot, Auvray, Augustin Legrand, Guersant, ont vulgarisé toutes ces productions que les amateurs vengent aujourd'hui des années d'oubli et presque de dédain.

En effet, l'école de David, la grande peinture d'histoire italienne, allemande, espagnole, le genre noble, comme on disait alors, et en 1830 la réhabilitation si méritée du moyen âge, l'évolution romantique qui modifia si profondément la littérature et l'art, avaient détourné l'attention et le goût de cette charmante école du XVIIIe siècle.

Les peintures, les dessins, les gravures des maîtres de cette époque furent délaissés, vendus à vil prix, relégués au bric à brac ou même abandonnés dans de poudreux greniers.

Un certain nombre d'amateurs cependant plus avisés, gens de goût et d'esprit, surent au commencement de ce siècle profiter de cet abandon pour acheter à des prix dérisoires ces œuvres payées si cher de nos jours.

Deux collectionneurs célebres ont marqué parmi les promoteurs de cette renaissance de tant d'œuvres aimables, MM. Lacaze et Walferdin, morts tous deux.

Ils m'ont appris à connaître l'école française du XVIII° siècle, autant et mieux encore que dans les musées et chez les marchands de tableaux.

Tout le monde peut admirer la collection Lacaze, léguée par lui au musée du Louvre, on y remarque le *Gilles* de Watteau, placé au milieu de cette galerie, au poste d'honneur.

Gilles est debout, vu de face, raide comme un soldat sous les armes, les bras tombant le long de son large pantalon ; derrière lui on aperçoit Crispin monté sur un âne et trois autres personnages de la comédie italienne.

A la vente du baron Denon, en 1826, ce tableau fut adjugé au prix de 650 francs. Il vaut aujourd'hui plusieurs centaines de mille francs. Il n'avait guère coûté que 300 francs au baron Denon qui l'avait acquis par un de ces hasards dont la plupart des collectionneurs ont éprouvé l'heureuse fortune.

Le baron Denon, conservateur du musée du Louvre, aperçut un jour à la porte d'un de ces nombreux marchands de curiosités placés jadis aux abords du vieux Louvre, un tableau sans cadre, pendu à une ficelle et sur lequel le marchand avait écrit à la craie ce refrain d'une vieille chanson :

Pierrot voudrait vous plaire.

Il me plaît votre Pierrot, lui dit le baron Denon ; combien en voulez-vous ? tant. C'est marché conclu, apportez-le au Louvre, et le chef-d'œuvre de Watteau était sauvé de l'oubli et peut-être de la destruction.

Plus tard, il passa dans la galerie Lacaze.

Peu de temps avant sa mort, M. Lacaze en refusa un prix énorme que lui offrait le British Museum ; il conserva donc ce magnifique tableau à la France.

C'est chez M. Walferdin, chez cet aimable et spirituel vieillard et dans sa remarquable collection des œuvres de Fragonard, que j'ai pu étudier et connaître ce peintre sous ses aspects si divers.

M. Walferdin habita pendant de longues années le second étage d'une maison située à l'angle d'une rue donnant sur le quai d'Orléans, à Paris. Son appartement, composé de quelques pièces de petite dimension, montrait sa collection, dont les tableaux pressés couvraient les murailles depuis l'antichambre jusqu'à la chambre à coucher. Les moindres recoins en étaient garnis. Un large jour, une blonde lumière venant du sud-ouest traversait les vastes horizons des quais, et semblait animer ces toiles et ces dessins, dans la contemplation desquels vécut leur heureux possesseur.

Dans les dernières années de sa vie, couché par la goutte sur son lit de douleur, en proie à de vives souffrances, M. Walferdin les supportait mieux en parcourant du regard toutes les œuvres aimées qui lui rappelaient les meilleures années de sa vie, une découverte, un triomphe sur un rival moins heureux et dont chacune d'elles avait son histoire.

Parfois elles provenaient des collections d'un ami : c'est ainsi que M. Walferdin avait acheté à la mort de Saint, le miniaturiste, toute sa collection des œuvres de l'école française. Dans ce temps, me disait-il, j'étais bien jeune et je n'étais pas riche ; je dus me priver beaucoup pendant plusieurs années pour payer ces trésors ; mais j'y parvins sans trop de peine, car leur vue seule rendait plus succulent mon frugal repas, réchauffait et éclairait ma modeste chambre.

Puis il faisait apporter près de son lit quelques tableaux et quelques dessins, m'en montrait les beautés, analysait le talent si souple et si varié du maitre ; le feu de la passion illuminait son visage, il oubliait. Il avait encore trente ans.

O désirs et joies de la possession du chef-d'œuvre convoité et obtenu, ceux-là seuls qui vous ont ressentis peuvent connaître vos ardeurs et vos âpres jouissances.

On me pardonnera d'avoir fait appel à mes souvenirs pour raviver la mémoire de deux collectionneurs dont les noms sont inséparables de l'école française du XVIII° siècle.

En conservant à la postérité toutes ces œuvres écloses au souffle de la grâce et du goût français, ils ont bien mérité de notre pays et de tous les amis de cet art charmant qui vivifie et qui console.

Aug. NICAISE.

Châlons. — Imp. F. Thouille.

www.ingramcontent.com/pod-product-compliance
Lightning Source LLC
LaVergne TN
LVHW010915180726
843502LV00010B/4142